JN335024

吉野修験 大先達の遺訓

五條順教

大法輪閣

装丁・ＤＴＰ／リキスタジオ

目次

第一章　自然法爾《じねんほうに》――はからいをこえて　5
第二章　秘密安心《ひみつあんじん》――修験道にいきる　107
あとがき　210

第一章

自然法爾《じねんほうに》——はからいをこえて

一木一草を深くみる

一木一草といえども、深くみることが大切です。
自然を深くみることは、すなわち人生を深くみることなのです。
それは自分の心を観る、すなわち自己観照につながるものでしょう。

嫌なことは忘れること

「忘れて、捨てて、離れて、恕《じょ》して、悦べ」

私の処世訓です。

とにかく嫌なことは忘れることです。

一日中、心の中で合掌している

日々の生活、すべてありがたいことばかりです。飲みものが飲めるのも、食べものが食べられるのも、道が歩けるのも、人と逢えるのも、寝られるのも、何から何まで、ありがたいことばかりです。とにかく一日中、私は心の中で合掌しているのです。

祈ることによって救われている

仏教には「祈り」は必要ではないという説があります。理論の上から言えばそうかもしれませんが、私には祈りが必要なのです。

私は決して強い人間ではありません。

祈ることによって、私は救われているのです。

身・口・意の三業によってつくりなした罪障を懺悔し、心を清浄にし、関係する人々の幸せをひたすら祈らせていただく。

それが私の信仰生活なのです。

いつも明るく希望せよ

楽しいことを考えていると、楽しいことが訪れてくるものです。

思いというものが、現実を呼び寄せるのです。

密教の修法においては、「観想《かんそう》」をとても大事にしますが、それは結果を呼び寄せるからなのです。

ですからいつも明るく希望せよ、というわけです。

山の霊気を全身に浴びて

これからの社会は、修験道のような大らかな宗教をますます必要としていくことでしょう。

古来、山自体が曼荼羅《まんだら》として尊崇されてきた霊山に入り、山の霊気を全身に浴びて、大自然の中に心を遊ばせる。

それは、身心共に疲弊している現代人にとっては、精神の健康を保つ上からも実に必要なことでありましょう。

自然を道場とする修験道にふさわしい

自然法爾《じねんほうに》ということばがあります。

「おのずからのすがたのままであること、真理そのものにのっとって、そのごとくあること」をいいます。

大自然の本来の姿でもあります。

自然を道場とする修験道にふさわしい言葉です。

あるがままのすがたになりきる

「そのものとして本来のあるがままのすがた」になりきれば、それはもう悟りの境涯です。

そのようなことは、山の修行によって自得されてくるものです。

「自然法爾《じねんほうに》」は、金峯山修験の真骨頂《しんこっちょう》を喝破しているように、私には思えるのです。

ただ一事に徹する

お釈迦様は、「一偈一句《いちげいっく》」といえども、それを信じ、理解し、実践する者は真実の仏法者である、といっておられます。

学問がなければわからない、というものではありません。若くなければならないというものでもない。八十、九十の老齢であろうとも、少しも差し支えはありません。

「一偈一句」でいい。何かを信じて実践すればよいのです。人を尊重するという一事、何事にも感謝するという一事、悪口を言わないという一事、何でもよい。ただ一事に徹することです。徹すれば通ずるで、一事が万事に通ずるのです。

天から与えられた一日一日

病中を修行としてとらえられる心境になるだけでも、大層な行者といえるでしょう。

しかし、病中の人に限らず、老若男女、何人といえども明日のことははかり知ることのできないのが、人間本来の真実です。

天から与えられた一日一日という宝を大切に、ただひたすらに、そして心楽しくゆったりと、修行を続けてゆきたいものです。

おのれこそ　おのれのよるべ

「おのれこそ　おのれのよるべ　おのれを措《お》きて　誰によるべぞ
よくととのえし　おのれにこそ　まこと得がたき　よるべをぞ得ん」

『法句経《ほっくきょう》』にそういう教えがあります。

「自分こそが、頼りにできるものである。この自分以外に誰が頼りになるといえようか。よく鍛錬された自分こそが、ほんとうに得がたい〝拠りどころ〟となる。」

私たちはみずからを「よるべ」とするために修行するのです。そのためにこそ、祈り、瞑想し、山に入って修行するのです。

真剣に精進《しょうじん》した一日

『法句経』にこういう教えがあります。

「人もし生くること　百年ならんとも　怠《おこた》りにふけり　励み少なければ
かたき精進に　ふるい立つものの　一日生くるにも　およばざるなり」

「怠りに生きた百年よりも、真剣に精進した一日のほうが尊い」というのです。私たちは、長生きするために生きているのではなく、大安《だいあん》心《じん》を得るために修行しているのです。

「精進の者には成仏一念にあり」という教えもあります。真剣に精進する者は、一瞬の間に成仏することもあるということです。

あしき友と交わるなかれ

お釈迦さまの大切なお言葉があります。

「悪《あ》しき友と　交わるなかれ　いやしき人をも　侶《とも》とせざれ
こころ清き友と　交わるべし　上士《さとれる》を　侶《とも》とせよ」

心悪しき者、心いやしき者を侶として、人生を行くことは危険です。清き者と人生や修行を共にできれば、自ら心清らかに、修行も成就することでしょう。

この侶とは、「我が心」のことでもあるのでしょう。ゆえに我が心中に「あしき心」「いやしい心」が起こったならば、直ちにその心をぬぐい去る努力をしなければなりません。

「調身《ちょうしん》」「調息《ちょうそく》」「調心《ちょうしん》」の三つの功徳

読経《どきょう》には、「調身」「調息」「調心」の三つの功徳があります。

「調身」……背筋を伸ばし正しい姿勢で、腹の底から堂々と声を出すのです。それによって、自然と身体も正しく調えられてゆきます。

「調息」……息というのは自らの心と書きます。心の状態によって息が変わってくるからです。読経に心（気）を集中することによって、自然と息が調えられてゆくのです。

「調心」……心が調ってこそ息が調えられてゆきます。一切を放下《ほうげ》して読経に気を集中してゆくのです。すると自然に心は平静になり、正されてゆくものです。

過ぎ去ったことは考えない

私たちは、「あのときにこうしておれば、こうなっていなかったのに」などと、とにかくよく悔やみます。

悔やみだしたら、それはもうキリがありません。

ついには晩年になって、「私の人生は一体何だったのだろう」と悲観したり絶望することにもなってしまいます。

とにかく、過ぎ去ったことは考えないことです。

そして、いまに生きることです。

いつも「いま」が出発点

何よりも「いま」が大切です。

いつも「いま」が出発点なのです。

過ぎたことは、それがどんなことであろうとも、一切悔やまないことです。

それは「南無」に徹してゆけば、自然にできてくるものです。

そのことで、心が強くなるのです。やさしくて強い心を持つようになってゆくのです。それが真実の信仰者のあり方です。

心に争いを持たぬ

争いは何から起こるのでしょうか。

それは、「うらみ」「にくしみ」「ねたみ」から、ということが多いのです。

そのような感情を実際の行動に移したとき、争いとなります。

「心に争いをもたぬ」とは、「うらみ」「にくしみ」「ねたみ」を持たぬということです。

争いの原因となるような感情を、心に留めておかぬようにしましょう。

一日ぐらし

昨日もなければ明日もない。
ただ、今日一日だけしかないんだ。
そのように、いつも心に念じていることです。
「いま」を大切にする、ということでもあります。
「一日ぐらし」ということです。
そのことが、身命を賭《と》すような大行につながってゆくのです。

精進

「精進」の精とは、綿密、純粋、正しくということです。

正しく純粋で綿密な努力こそが、精進なのです。

いくら熱心に努力しても、正しくない目的に対する努力であれば精進とはいえません。

またそれは、修行や仕事だけのことではありません。

休養にしても、遊びにしても、正しく休養する、正しく遊ぶというのが精進した休養であり、精進した遊びというものです。

一歩一歩がすなわち道場

今日の行を立派にやり遂げるためには、敬虔《けいけん》であり、果断であり、正確であり、慎重でなければなりません。大胆であり、小心でなければならないのです。うっかり、ぼんやり、思いつき、気まぐれは、絶対に通用する世界ではありません。一度の失敗が大事に至るおそれがあるからです。

「歩歩是道場《ほほこれどうじょう》」という言葉があります。

一歩一歩がすなわち道場です。この一歩をおろそかにしないのです。

奥駈中の若き日の筆者

幸運を招き寄せる自分を作っている

七十歳を過ぎた来客との会話の中に、こういう言葉がありました。

「私は勤め先で、若い人から『おじさんは本当に楽しそうに仕事をしますね』と感心されるんです。年をとってからの再就職なので、給料は今までの半分もないし、重要な仕事も与えられていません。でも、どうせ仕事をするからには、いそいそとするほうが自分でも楽しいので、そのようにしているだけです」

楽しそうに仕事をしている人を見ると、こちらまで楽しくなります。仏頂面《ぶっちょうづら》で仕事をされていたのでは、職場の雰囲気も陰気になります。

「笑う門には福来たる」といいますが、これもまた真理です。その人は、幸運を招き寄せる自分を作っているのです。

山寺五訓

「山寺五訓」を作りました。

一、常に親切であれ
一、常に謙虚であれ
一、常に浄き行いをなせ
一、今日できることは今日なせ
一、継続は力なり

人として正しく生きてゆくために、当然しなければならないことが並べられているだけです。いわば普通のことです。だが、普通のことを実行するのはむつかしく、また普通の人であることはたいしたことなのです。

物事に達した人

『菜根譚《さいこんたん》』のなかに
「真味は只是れ淡（中略）、至人は只是れ常」

という言葉があります。

食物の本当の味わいというのは、淡白な味の中にある。物事に達した人というのは普通の人としか見えない、というのです。

なかなか味わいぶかい言葉です。

ただ平平凡凡

白隠《はくいん》禅師の師にあたる正受《しょうじゅ》老人は「病中ほどよき修行はなきなり」と喝破《かっぱ》されました。病気は身心の最もきびしい修行なのです。

きびしい修行を経てこそ、本来の心の自由が得られるのです。

心を樫の木のようにカチカチにするのが修行の成果ではありません。

柳のように自在の心を得るのが修行の成果です。樫の木の枝は大風で折れることがありますが、柳の枝は折れません。

『菜根譚《さいこんたん》』に「至人は只是れ常」とあります。道に達した人には特別に変わったところはない。ただ平平凡凡、普通の人と少しも変わりはない。その平凡・普通なところが立派なのです。

小さい虫が恐ろしい

「むかで」や「まむし」のような小さいものが恐ろしいのです。知らない内に近づいてきて、噛まれたり刺されたりします。

私たちは小さな煩悩にこそ、よくよく注意すべきなのです。

例を挙げると、

「忿《ふん》」……フンとふてくされる。欲しいものが得られないとむくれる。

「覆《ふく》」……内緒ごとをする。妻にも兄弟にも言えないことができる。

「慳《けん》」……小さくけちる。「あんな野郎にこの上等のヨーカンを出すのは惜しい、よいお客がきたときにとっておいたのに」と、妻や子にあたる。

「驕《きょう》」……地位をカサにきてたかぶる。人を見くだす。

ちょっとしたことで、ムカムカ、イライラしていると、それが内にたまって、ついにはわが性格を破ることになります。

同席しているだけで悩みが雲散霧消《うさんむしょう》

今でも、お出会いできたことを有り難く思っている方がいます。その方は私の父の師匠でしたが、決して特別な修行をされた方ではなく、ニコリともしないようなお方でした。

同席しているだけで、いろいろな悩みが、いかにも取るに足らないことのように思えて、悩みが雲散霧消していくのを覚えたものです。「どうや……」とすすめられて、おかきをかじりながら、老僧と共にいるだけで気持が癒されるのが心地よくて、再々、訪れたものです。

人間力というのでしょうか。私の理想像であります。

心の師とすべき人物

私には心の師とすべき、ある老僧がいます。

淡々とした心境は自ずから態度に顕われて、対坐する者の心を洗ってくれます。何でも自分のものにしたいという、我利《がり》我利《がり》亡者《もうじゃ》で満ちあふれている今日、老僧の存在はまことに貴重な一陣の清風です。

師の行くところ、まさに歩々清風起こるの感ありです。

その心境は、「無《む》一物《いちぶつ》中《ちゅう》無《む》尽蔵《じんぞう》」と転じきっているのでしょう。

「無為自然《むいしぜん》」に徹する

「四苦八苦《しくはっく》」とは、人間の根源的苦しみのことです。それに対するにはどうしたらよいでしょうか。

私は、「無為自然」に徹するのがよいと思われます。

無為自然とは、一切の作為を加えずあるがままです。道教の根本思考ともいえるものですが、修験道はもともと道教的要素の強い宗教なのです。

病気にしても変に抵抗するのではなしに、あるがままに受け入れていくことです。いくら嫌だといっても、致し方もありません。そうであるならば悠々閑々と、あるがままを受け入れていくことです。

行動こそが人格のすべて

立派な人は、何も言わなくとも、また、どんなに話が下手でも、自然に頭が下がるものです。

心情下劣な人がどんなに立派なことを言っても、その言葉は空虚であり、人の心を打つことはできません。

だから行動こそ、その人の人格のすべてということができましょう。

さわやかさ、清らかさは我欲を離れたところにあります。

執着を離れようと精進しているところにあるのです。

すべておまかせいたします

「南無《なむ》」とは「帰依《きえ》」ということです。
それは「すべておまかせいたします」ということなのです。
軽々しく言える言葉ではありません。
すべてをまかせるということは、大変なことなのです。

貢献や奉仕に対価はない

自分に課せられた使命を自覚して、その使命を達成しようと生きていれば、いくつになっても心が生き生きと躍動して、死ぬまで現役です。

しかも、宗教は永遠の生命を持っています。

人間はいずれ必ず死ぬけれども、心は生き続けるのです。

吉野の桜はお供えの「生きた花」

「吉野山といえば桜、桜といえば吉野山」と言われますが、吉野山に生まれ、吉野山で育った私からみても、吉野山の桜は格別な風情があります。

しかも、吉野山の桜は観光地にしようとして植えられたものではなく、すべて蔵王権現《ざおうごんげん》に献木されたお供えの「生きた花」なのです。

千三百年の昔、役行者《えんのぎょうじゃ》が金峯山上で蔵王権現を感得され、そのお姿を桜の木でもって刻んでおまつりされたところから、桜が蔵王権現の御《ご》神木《しんぼく》となったのです。

義経《よしつね》も後醍醐《ごだいご》天皇も吉野をめざした

役行者によって開かれた修験道が盛んになるにつれて、蔵王堂を中心として、百数十もの堂塔伽藍《がらん》や塔頭寺院が建てられました。全国からたくさんの修行者が集まることとなり、次第に大きな宗教的勢力を形成していきました。

そのような勢力がこの山にあったからこそ、その力を頼って、義経も、また後醍醐天皇も、吉野山をめざされたのでした。

蔵王堂は山岳宗教のシンボル

吉野山にもし蔵王堂の存在がなければ、吉野山はただの山にすぎなかったでしょう。したがって、現在の吉野山はなかったはずです。だから蔵王堂は、山岳宗教のシンボルであるとともに、吉野山のシンボルなのです。

蔵王堂の柱

蔵王堂の創建は千三百有余年前ですが、その後、落雷や兵火でたびたび焼けています。現在の建物は、天正年間に建てられたものです。山岳修行の根本道場らしく、いかにも豪放にして雄大な建物です。重層入母屋《いりもや》の大きな建物を支える六十八本の柱は、スギ・ヒノキ・ケヤキ・ツツジ・ナシなど雑多な材質です。太さも材質もまちまちで、形の整わない自然の姿そのままの巨大な柱ばかりです。

深山幽谷にいる想いがする

蔵王堂にあって、巨大な自然の姿そのままの柱に囲まれて坐っていると、時として深山幽谷にいる想いがします。

そしてまた、太い木は太いなりに、細い木は細いなりに、先の曲がったものはそのままに組み合わされたさまは、まさに適材適所という言葉を目の前に見せてくれていると感じられます。

花の雲の中の蔵王堂

蔵王堂は近くで見ると、荒削りで簡素ですが、雄大で古武士の如き風格が感じられます。

ところが、遠くから見ると実に優美なのです。屋根の反《そ》りが鋭く切れ上がって、まるで鳳《おおとり》が羽根を広げているような観があります。

桜の頃、上千本《かみせんぼん》の見晴らし台から眺めると、花の雲の中の蔵王堂は、全山の桜の精のように優雅です。

ことごとく浄財の姿

本堂蔵王堂の昭和大修理の頃、数年のあいだは、工事の槌音《つちおと》の絶えることのない毎日でした。一枚の銅板、一枚の板も、これことごとく浄財の姿です。

心中に合掌しながら、工事の現場を眺めさせていただきました。

尊い浄財なるがゆえに、無駄に使っては申し訳がない。しかし費用をケチっては良い仕事ができない。立派なものを後世に残すことができないことになる。ここがむつかしいところと感じました。

千三百年の命脈

蔵王堂は、多くの人たちの支えによって、千三百年の命脈を保ってきました。

ということは、千三百年にわたって人々の心の支えとなり、人々の心の故郷として、人々に貢献するところがあったからこそ、人々の支持が得られたということでもあります。

何事も一方的なことでは、そんなに永く続くものではありません。

どういう気持ちで鐘を撞《つ》いていたのか

朝六時、十一時、夕方六時の一日三時《とき》に蔵王堂の梵鐘《ぼんしょう》が響きます。経を誦し、一打、一打礼拝しながら撞いている修行僧の姿を想い、心中で合掌します。

ある老僧が鐘の音を聞いて、「いま、鐘を撞いている小僧は、将来、名僧になるであろう」と言いました。

老師から「どういう気持ちで鐘を撞いていたのか」と聞かれた小僧は、「亡くなった母親に回向する気持ちで撞いていました」と言いました。

同じ鐘の音でも達人が聞けば、撞く人の品性なり、心ざまが分かるのでしょう。達人の耳はおそろしいと思います。

徳を積む

「継続は力なり」――誰の言葉か知りませんが、よく使われる言葉です。簡にして要、けだし名言です。

どんなに良いことであっても、一回や二回ちょっとやるだけでは何の力にもなりません。

たとえ取るに足らないようなことであっても、ずっと続けてゆけば、それは自然にある種の力を持つようになってゆきます。それが継続の力というものです。「徳を積む」とは、そういうことなのです。

実際的なことしか言わなかった

先代の管長は、理屈めいたことを言わない人でした。書物に類するものを読んでいるのを見たことがありません。それでいて本を二冊も書いています。書のほうもまったくの我流でしたが、若いときから実に達筆でした。天賦《てんぷ》のものがあったのでしょう。理論家ではなく、まったくの行動派で実際的なことしか言いませんでした。そのような人であったから、教訓を垂れるというようなことはなかったのですが、その時に当たって、いろいろな助言を与えてくれました。それがいま、私の貴重な指針となっています。

何かを求めて右往左往している

大抵の人は何物かを求めて走り廻っています。たとえ身体は動かなくとも心が走り廻っています。何かを求めて右往左往しているのが凡夫の姿なのです。

求め求めて、走り廻って一生を終える。考えてみれば空しいことです。

求める心がなくなれば

何一つ求められることなく、無限に与えられるのが仏さまなのです。人間も求める心がなくなれば、仏さまと等しい性が顕現してくるのでしょう。それこそ貴人といわれる人なのです。

人は決して生まれ方によって貴いのではなく、行いによって、心ばえによってこそ貴いのです。

一つでも二つでも

私たちは誰しも、何も彼《か》もすべてのことが、完璧にできるものではありません。またすべてを完璧にやろうなどと考えれば、かえって気がおかしくなるのではないでしょうか。

それならば、自分の立場に応じて、自分にできることを、一つでも二つでも自分に課しておくということが大切になります。

他のことは充分にできなくとも、これとこれだけは必ずやるというところが大事です。その継続が信用を築いてゆくことになるのです。

死を思わない日はない

私は「死」を思わない日はありません。一年三百六十五日、死を思います。親しい人の死に会ったときは深く考えますが、普段でも死を思っています。

寝床に就くとき「これから死ぬんだ」と静かに観想するのが修験者の作法ですが、それを知ってから死を思わない日はありません。

確実に来る一大事

どういうふうに生きるのが自分にとって一番よいかということは、「死」をいつも思うことで自然に自得されるのです。

それは「死に習う」ということです。

せっかく生かされているこの一日を大切に、そして楽しく生きるためには、確実に来る一大事をいつも正視していることです。

死に赴《おもむ》く作法

修験者は、夜寝る前に「死に赴く」作法をしてから寝床につきます。「一日に一度は死を思え」ということです。

一般には、普段、死を思っていないから、いざというときにあわてふためきます。死を思い、死後に思いを馳せるのが信仰者であり、仏教者というものです。

死は終わりではない

死は終わりではありません。
それはまもなく、来世の始まりにつながってゆくのです。
死に臨んでも、来世に希望を持てということです。

死を思うこと

死を思うことは、「本来無一物」「一期一会」に開眼してくれます。

それは、

「執着心を少なくすること」

「自分にも他人にも誠実であること」

——この二点に要約されるでしょう。

今日一日を大切にすること

私たちの人生は、私たちが考えているほど長くはありません。そして病気にしろ災難にしろ、死にしろ、それらはまったく突然にやってきます。そのような人生であるからこそ、今日の一日が大切なのです。自分の一日が大切であるように、他人の一日もまた大切です。自分も他人も、一緒にいる者たちが、楽しく明るい一日を過ごせるように努めることこそ、今日一日を大切にすることなのです。

自分の聖域を

親に暴力をふるったり、親に向かって乱暴な口をきくような人は、人間として信用することができません。特に宗教をもって立つ者は絶対です。それだけで、その人を信仰者として認めることはできません。「それだけは絶対にしない」という自分の聖域を作っておかなくてはいけません。それがなければブレーキの効かない車のようなもので、どこまでも転落してゆくことになります。

親や師匠や先生は、聖域でなければなりません。それは他の尊厳を高めるとともに、自分の尊厳もまた高めてくれることになるのです。

勢いよく葉を茂らせていた銀杏《いちょう》が

屋敷の大きな銀杏の大木を切る相談をしていたことがありました。それからまもなく不思議なことに、それまで青々と勢いよく葉を茂らせていたその銀杏が、枝の先から段々と黄色くなって、勢いがなくなってきたのです。

花木のそばでその木を誉めていると、見事な花を咲かせるということを聞いたことがありますが、それは事実であろうと信じられるのです。

自分を養ってくれている無数の生命

米や野菜を食べるときでも、その尊い生命をいただくことに心から感謝しなければなりません。一粒の米、一本の菜っ葉といえども、粗末にせずに頂戴しなければならないでしょう。正しく生きることに努力しなければ、自分を養ってくれている無数の生命に対して、申し訳がないと思うのです。自分の生命を正しく生かしきることこそ、それに報いる唯一の道であり、何よりの恩返しなのでしょう。

言霊《ことだま》

信とは「人の言《ことば》」と書きますが、その人の言葉が信じられるということです。言葉が信じられることは、その人のすべてが信じられるということです。言霊といわれるように、その人のすべてが出てくるのが言葉です。

これからでも遅くはない

目先の損得にこだわって、大切なものを失ってはなりません。信用というものは、いったん失うと回復することはなかなかむつかしいものです。

「これからでも遅くはない」というのは、私の好きな言葉の一つです。どんなに不信用の雲に覆われた人でも、それこそ「これからでも遅くはない」のです。

すべてのことに誠実を尽くしていったならば、一日一日と信用を回復してゆくことは間違いありません。

子どもへの何よりの遺産

「子孫のために徳を残す」といいますが、徳は信用です。信用される人間像を、身をもって示してゆくことが、子どもへの何よりの遺産でありましょう。

大切な一日を粗末にしている状態とは

大切な人生、大切な一日を粗末にしている状態を、気づくままに列記してみます。

一、不平・不満で心が占領されている。

二、うらみや憎しみの想いをつねに持っている。

三、羨望の心が強い。

四、人と較べることによって、劣等感を強く持っている。

五、悪事を行う。

右の中の一つでもあれば、真に楽しい心になることはできないでしょう。

足ることを知らないのは貧しい人

捨てるというのは、過度の執着心は持たないということです。人間として欲のない者はいませんが、欲望はどこまで行ってもキリのないものです。

良い加減でキリをつけなければいけません。ある程度の欲はあってもよいと思いますが、執着心は捨てておくことです。

欲望と執着心は違うのです。

江戸期の高僧・慈雲《じうん》尊者は「少欲知足《しょうよくちそく》」とよく書いておられます。欲少なくして足るを知るは、富貴なる者です。どんなに財産や地位があっても、足ることを知らないのは貧しい人です。

美しいものを美しいと感じる心

美しいものを美しいと感じ、しかもそれに感動できる心をいつまでも持ち続けていたいと願っています。

心が憎しみや怒りに閉ざされていては、いかに華麗なものを見ても感動することはできません。これほど悲しいことはありません。

美しいものに感動できるためには、いつも心を純粋に、素直に、寛《ひろ》やかに保っていなければなりません。簡単なようですが、実は大変なことなのです。これも私の仏道修行です。

恕《じょ》のこころ

恕はゆるすと読みます。ゆるすには「許」という字もあります。許は、ききとどける、相手のいうことを聞いてやるという意ですが、「恕」には、相手をゆるす、おもいやる、いつくしむ、あわれむなどの意があります。

思いやってゆるすということは、人間だけがなし得る崇高な精神活動です。恕すことを知らない人は恐ろしい。当然、信仰者は恕す心が大きくなるよう修養し、修行しなければなりません。

人の心の中に生きることによって救われる

宗教は要するに、人の心の中に生きることによって、その人が救われるということです。

その人の言葉が、態度が、行動が、自分の心に在ることによって、心が安らかになる、おそれがなくなる。それが救済であり、宗教なのです。

日々が修行

日々が修行です。このことは、行者としてはもっとも常識的で、しかも、もっとも困難なことです。この行の本質をいっそう深く認識し、仏道に精進してゆきたいと念願するばかりです。

同じ道を歩く

同じ道を歩くところに入峯《にゅうぶ》修行の極意があると悟ったのは、ごく近年のことです。しかし、同じ山でも年々歳々その趣きを異にします。草花は、深山の風雪に耐えて精一杯の小さな花を咲かせますが、そのための、見えないところでの忍耐と努力を体で感じます。そうしたとき、私はやはり日本人だなあと思います。微《かす》かなものに心をひかれることにおいてです。

とにかく続けること

何か一つだけ、自分にできることをやってみようではありませんか。すぐに腹を立てるなら「腹を立てない」という一事でもよい。愚痴っぽいのであれば「愚痴をこぼさない」ということでもよい。また「毎朝、勤行を欠かさない」ということでもよいでしょう。たといそれが何の利益にならなくとも、とにかく続けることが大切なのです。続けるということは忍耐であり、努力なのです。

徳のちから

徳を失いたいと思えば人を軽蔑すればよいといわれます。徳福を失いたいと思っている人などいるはずもないでしょうが、その人の言動の如何《いかん》によっては自然と徳や福が減少してゆくのです。

報いを求めずにもっぱら善事をなすことはむつかしい。

しかし、それこそ薄徳の者を厚徳の者としてゆくのです。

一輪の野の花の美しさの分かる人間

一輪の野の花の美しさの分かる人間でありたい。
桜や紅葉の、何気ない美しさに心打たれる人間でありたいものです。

陰徳を積む

『菜根譚《さいこんたん》』に「人の小過を責めず、人の陰私《いんし》を発《あば》かず、人の旧悪を念《おも》わず。三者、以て徳を養うべく、また以て害に遠ざかるべし」とあります。

人の小さな過失を責めたてることをせず、人の隠しておきたい私事を無理にあばきたてたりせず、人の過去の悪事をいつまでも覚えておくようなことをしない。

この三つを実行すれば、自分の徳を養うことができるし、また、人の恨みを買って人から害されることからも遠ざかることができるということです。これもまた陰徳を積むことなのです。

貪《むさぼ》る

貪るとは、足るを知らないこと、感謝を知らないことをいいます。

不平不満で凝り固まったような人が時々いますが、このような人は、どんなに物質的に豊かであっても、貧しい人なのです。

ひとりをつつしむ

「慎独」（ひとりをつつしむ）という言葉があります。人の見ていないところでの、自分の心と言葉と行いに慎しみをもつということです。

慎独の人であれば、無条件で信用されることでしょう。信用ほど大きな財産はありません。それだけに慎独に徹底することはなみ大抵の努力ではありません。

それはおのれに克たねばならないからです。百万の敵に勝つよりも、おのれに克つほうが困難です。しかし、困難であるからこそやりがいがあるのです。

一所懸命に生きますから

ある週刊誌に、各界知名士の臨終の際の言葉が収録してありました。その中に、作家の平林たい子女史の言葉として「もう一度生かして下さい。一所懸命に生きますから」というのがありました。「一所懸命に生きますから」という言葉が妙に頭にこびりついて、忘れることができません。赤裸々な人間の叫びです。

その言葉には、過去の生き方への反省と、生への強烈な願いが込められています。

名のない草花のつつましい美しさ

牡丹《ぼたん》、芍薬《しゃくやく》、菊、桜など名のある花ばかりが花ではありません。道ばたの名のない草花のつつましい美しさを知ったことで、私の人生はより豊かになったように思えます。

美しいものが美しいと素直に見られるように、つねに心を調えておきたいと願っています。私たちの人生はすべてが一期一会なのですから。

甘露の味

どんなに良い茶の葉でも、熱湯を注いでは茶になりません。いわゆる無茶です。そのようなときの茶の味はにがい。それは無茶苦茶ということです。

心を静めて、湯の加減を待つ間というものは、何ともいえない安らぎのときです。茶にも、人と同じように、それぞれに個性があります。それを考えて適当な湯加減を試みるのは楽しいことです。

そして、甘露の味を得たときのよろこび、それはまことにささやかなよろこびですが、ほのぼのとした満足感に包まれます。そして、このような茶を与えてくださった護法善神《ごほうぜんじん》（良き人もまた護法善神）に感謝します。

よろこぶものには、よろこびが与えられる

人はつねによろこびと感謝を忘れてはいけません。

つねによろこぶものには、よろこびが与えられます。

つねに不満のものには不満が与えられます。

つねに不安に悩む者には、悩むことが与えられるものです。

「笑う門には福きたる」の諺《ことわざ》がありますが、笑いとは、小さなことにもよろこびの心を持つことであり、少しのことにも感謝の気持を持つことでなければなりません。

拙《せつ》を守る

「拙」には、「つたない、小細工をしない」等の意味があります。「文は拙を以って進み、道は拙を以って成る」の言があります。文は学問、学業等と解してよいでしょう。また「拙を守る」という言葉もあります。

よく器用貧乏といわれます。器用な人は、何をやらせても一応はこなせるけれども移り気が多く、結局は何一つ物になるまでやり通さないことをいうのでしょう。不器用な人は、「自分にできるのはこの仕事しかないんだ」と、一つに打ち込むから、その道において成功をおさめることとなるわけです。

それが「道は拙を以って成る」です。この拙を守るということが、「阿呆になる」ということにほかならないでしょう。

ドンと腹を据えて、目先のことにとらわれず、ひたすらに拙を守りたいと思います。

妙好人《みょうこうにん》

浄土真宗では、阿弥陀さままかせで、念仏一途に生きた人を「妙好人」といいます。人にだまされても南無阿弥陀仏、妻子の死に遭っても南無阿弥陀仏。何も彼もおまかせなのです。

一見「愚」のごとくではありますが、その底には徹底した大悟がありま す。いわゆる信心決定《けつじょう》です。

何も彼も一切合切《いっさいがっさい》が捨て去られています。

おのれさえも捨て去られているのです。

一切が捨て切られたとき、一切を所有する。歓喜勇躍がそこにあります。

地獄の底を突き破ったところに

極楽は決して地獄と別のところにあるのではありません。地獄の底を突き破ったところに極楽はあるのでしょう。苦労や、苦しみ、苦痛から、逃げまわっていては、いくらたっても極楽に到達することは不可能です。

よい運をつかむには

よい運をつかむためには、愚鈍ではない「鈍」であり、しかも「根」がなければならないのです。

何事を為すにしても辛抱強くなければなりません。そして、あまり目先のことにとらわれてウロチョロせず、利口ぶらないことです。

このような人でなければせっかく巡ってきた運も、よくそれをつかむことはできないでしょう。

器用より不器用がいい

かしこく見せるのはシンドイことです。
あるがままに、しかし誠実に、「鈍」でいきましょう。
毎日の平凡な仕事を大切に、辛抱強く「根」を貫いていきましょう。
よい運が巡ってくるかどうかは、御本尊にまかせきりでいいのです。
何もクヨクヨすることはありません。
器用より不器用がいいのです。
「自分にできることは、ただこれしかない」という不器用がいいのです。

肉体はただ一時お借りしているだけ

肉体はただ一時お借りしているだけ、という本当のところを知らねばなりません。この身をいたわり、大切に扱わなくては早速取り上げられてしまうのではないでしょうか。

この肉体をいつかはお返ししなくてはならないものですが、お借りしている間は、たとえそれが故障だらけの不完全な肉体であっても、感謝の念を持って、日々大切にいたわって暮らせば長く使わせてくださると思います。

おれが死ぬとはこいつはたまらん

死は決して他人事ではないのですが、

「今まではひとのことだと思いしに、おれが死ぬとはこいつはたまらん」

――それが本音です。しかし、人間はいつかは病気もすれば死ぬのだ、と思い定めることです。

病中ほどよき修行はなきなり

正受老人《しょうじゅろうじん》は「病中ほどよき修行はなきなり」と喝破しています。そして、次のように言います。

「古来、修行者が厳谷に身を寄せ、深山に身をおいて修行するのは世間の雑事を捨て去り修行専一に励み努めんがためである。しかるに病中の人は世間の雑事をのがれ、人との応対もなく、深山幽谷に身をおいているようなものだ。

かくなる上は、死生は天運に投げかけ、飢えや寒暑は看病の人に打ちまかせて何の了簡もなく、生もまた夢幻、死もまた夢幻と、すべてを投げ捨て、ただひたすらに正念工夫の相続を肝心と心得、心の中で修行に専念すれば、いつしか生死の境を打ち越え、迷悟の際《きわ》を超越することができるであろう。これこそ本当に不老不死の神仙の境涯ではないか。」

「気を練《ね》る」「気を養う」

「気」ほど人間にとって大切なものはありません。少なくとも修行を心がける者は、つねに「気を練る」「気を養う」ことを心がけねばなりません。

正受老人は「あの男は気を養うことを知らぬ。それゆえ大業を成就することはできぬ」といいきっています。

気を練ることの第一歩は息を整えることです。一つの悟りを得れば息の乱れが少なくなります。息を整え、つねに乱れないよう、自分自身の内において調和をはかり、工夫してゆくのが仏道修行です。また気を練る、気を養うということにもなるのです。

今からでもおそくはない

「悪いことをいたしました。すみません」とあやまることが懺悔ではありません。もっともっと深いものです。

心に痛みを感じて「二度とこのあやまちを繰り返すことはいたしません」と、御本尊に誓わなければ、少なくとも懺悔とはいえません。素直な気持をつねに持ち続ける努力によって、懺悔が本物になるのです。

私は「今からでもおそくはない」という言葉が好きです。

日々新たな気持を持って、そして大勇猛心を持って、今から真剣にやりなおそうではありませんか。

随処に主と作《な》る

徴少なこの肉団が悠久の大自然と融合して、行雲流水《こううんりゅうすい》の当体となるのです。有為転変は世の常のすがたです。いかなる事態に遭遇しても、「おのれ」を失うことのない「おのれ」をつくりたいものです。「随処に主と作る」とはこのことです。

五つの真実

釈尊は五つの真実を私たちに示しておられます。

一、人は老いる
二、人は病気をする
三、人は死ぬ
四、人は愛しい者と別れねばならない
五、人は自己の行いによって左右されてゆく

この五つの真実をつねに思い続けることによって「人生いかに生くべきか」ということが、おのずから自得されてくるでしょう。

自分の人生は自分で創り出してゆくべきものだということが確信されてゆくでしょう。人生に対する真剣さが違ってくるでしょう。

確実に来る「死」という一大事

「死」を真剣に考えることは、それだけ「生」を大切にすることなのです。

財産も地位も名誉も、来世に持ってゆけないとなれば、余計な欲もなくなるというものでしょう。

どういうふうに生きるのが一番よいかは、「死」をいつも思うことで自然に自得されるのです。

それは「死に習う」ということです。

生かされているこの一日を大切に生きるためには、確実に来る「死」という一大事をいつも正視していることです。

神仙境《しんせんきょう》としての吉野

吉野は古来、神仙境として尊崇されてきた聖地です。それは、雰囲気が神秘的で美しいせいだけではありません。川に面することによって神仙境たり得るのです。

吉野山から山上ヶ岳までを金峯山といいますが、金峯山は吉野川によって清められ、霊気が蓄えられるのです。

吉野川と熊野を流れる音無川《おとなしがわ》に挟まれているのが大峯山なのです。山頂だけが尊いのではありません。水あるが故に尊いのです。

神仙境というのは道教的な呼称ですが、吉野の地にはこの呼称が最もふさわしいと思います。そして、そこが我々の宗門の本山であるということは、私の大きな誇りなのです。

阿呆《あほう》になれ

前管長は処生訓として、「一に勤行《ごんぎょう》、二に掃除、三に追従《ついしょう》、四に阿呆」と言われました。特に「阿呆になれ」ということをよく言われました。「勤行」とは、一般には仕事のこと。まず自分の仕事を大切にして精を出す。「掃除」は身のまわり、家庭を清潔にする。目に見える塵やほこりを除くことが、心のほこりを除いてゆくことにもなるのです。「追従」とは、心にもないお世辞をつかったり、へつらうことではなく、人の嫌うことを言わないということでしょう。また人の長所が認められるということでもありましょう。

最後の「阿呆になる」。これが、なかなかむつかしいことです。

信仰生活　五つのいましめ

信仰生活をしてゆくための、五つのいましめを記しておきます。

一、勤行を怠りませぬよう

二、悔やむことは一切なさいませぬよう

三、明日のことはおまかせ、心配なさいませぬよう

四、今日一日の精進を怠りませぬよう

五、心に争いを持たれませぬよう

人間の心に巻きついたツル

苦しみが長いほど、開花の喜びは大きいものです。

人間を手入れする役割こそが宗教です。

桜の木に巻きついたツルは、樹の寿命を待たずして枯らせてしまいます。早くそのツルを切ってやらねばなりません。

人間の心に巻きついたツルを切らせていただくのが、宗教者の大切な役割の一つです。

懺悔《さんげ》が宗教心の基本

私は宗教心の基本とは、懺悔であると考えています。

罪悪深重のおのれに目覚めることが懺悔です。

それがなければ「諸悪莫作《しょあくまくさ》・衆善奉行《しゅうぜんぶぎょう》」（悪いことをしない、善いことを行え。それが仏の教えである＝七仏通誡偈《しちぶつつうかいげ》）の心を発することもなく、慈悲の心も分かるはずがありません。

まして、広く人々の幸せを願うことなどできるものではありません。

南無《なむ》に徹するところに大安心が

御本尊に一切をおまかせすることを「南無」といいます。

南無に徹するところにこそ「大安心」があるのです。

まかせきるところ、まかせきったところに安心があります。

過ぎたことを一切思わないということは、「南無」に徹したことであり、捨てきったことなのです。

捨てきったところに「大安心」があります。

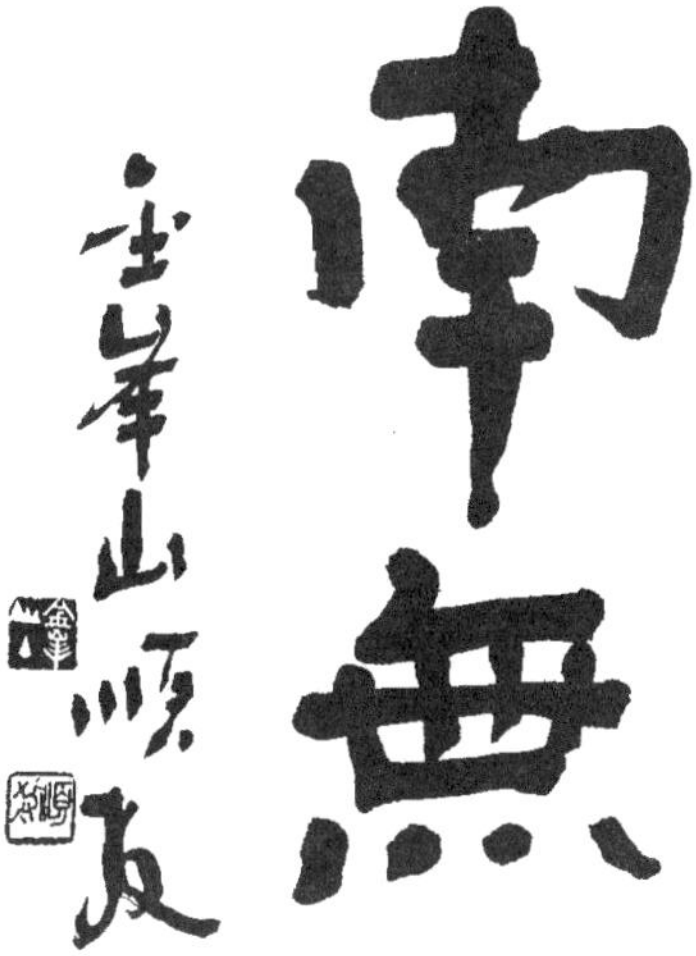
南無
金峯山順友

南無《なむ》とは帰命すること

「南無《なむ》」とは「帰命《きみょう》する」ということです。

「帰命」とは、命をささげて心からまことをささげることです。

「命をささげる」ということなのです。

「南無」というのは、そのような大変な意味を合んだ言葉なのです。

命をささげるということは、自分の身も心もささげるということです。

それは自分のすべてをさしあげることであり、自分のすべてをまかせきることにほかなりません。

まかせきる

「南無」とは、おまかせすることです。
「命をささげる」ことです。
ただおまかせするというのではなく、「まかせきる」のです。
それでなくては「命をささげる」ことにはなりません。
信仰というのは、そこまで徹底しなければ本当のものではないという
ことなのです。

おまかせして一切心配することはない

自分のすべてをおまかせするということはどういうことでしょうか。

それは、一切心配しないということです。

自分のすべてを仏さまにおまかせした以上は、一切心配することはありません。「仏まします、案ずるに及ばず」なのです。

どのような結果が与えられようとも、それは仏さまのおぼしめしとして受けとらせていただく。それが真実、南無の心なのです。

たとえ意にそぐわぬことであっても、不足に思うようではおまかせしたことにはならないのです。

下座《げざ》の行

「下座の行」とは、へり下って人の嫌うような仕事をすることです。便所掃除や履きものの整頓などは、いわゆる「下座の行」の一つでしょう。

「下座の行」は、隠れたるをもってよしとします。

「陰徳は耳鳴りのごとし」といいます。耳鳴りは人には分からず、自分にしか分からないものです。それが陰徳というものです。

この隠徳を積むのが「下座の行」でしょう。功徳を積もうとする願いがその根底にあります。

信仰生活をするということ

「信仰すること」と、「信仰生活をすること」は別です。
信仰はしていても、信仰生活をしていない人がいます。これではいけません。
信仰者は、おのずから心の持ち方が変わってゆかねばならないものなのです。

第二章

秘密安心《ひみつあんじん》——修験道にいきる

秘密安心《ひみつあんじん》

七月は大峯山の入峯《にゅうぶ》の好季節です。

峯中《ぶちゅう》には大山レンゲや石楠花《しゃくなげ》といった立派な花を咲かす木もありますが、路傍の小さな草も、それぞれに花をつけます。

入峯していると、それぞれが命を精一杯生きているのが体感できるのです。そのようなことを心に受けとめることを「秘密安心」といいます。それもまた、密教の悟りの一つです。

他と較べることをしない草花

悟りは決して高遠なものではありません。

「草花は決して他と較べることをしないんだな」ということを、素直に心に受けとめることができれば、それもまた一つの悟りなのです。

言葉や文章に表わすことのできない、いわゆる「秘密安心」なのです。

自然が道場であるということは、端的に言えばそういうことなのです。

懺悔《さんげ》に凝縮させたかった

私は四十九歳のとき、「四無《しむ》の行」という修行をいたしました。

「四無」とは、断食・断水・不眠・不臥の四つです。食べず・飲まず・眠らず・横にならずに、まる八日間御堂に籠りきって修法するのです。

食べる・飲む・眠るという生存のもっとも基本的な欲望を断つことによって、わが心を懺悔に凝縮させたかったのです。

実修実験こそ修験の大道である

断食・断水・不眠・不臥という「四無の行」をおこなっているとき、「死ぬかもしれない……」と思いました。

行中に死ねば行者の本望ではないか。

そう思う反面、こういう極端な苦行をするのは本来の仏法ではなく、中道こそ大乗の道ではないかとも思いました。

しかし、結局はすべての想念を捨ててしまったのです。

実修実験こそ修験の大道であると思い定め、目をつむってこの行に身を投げ出したのです。

「みんな死んだのだ」

「四無の行」中のある霧雨の日でした。早暁、だしぬけに稲妻の如く「みんな死んだのだ」という言葉を聞いたと思ったのです。

その瞬間、目から鱗が落ちたように、周囲の景色が明るくなり、歓喜に包まれました。それ以後、すべての懊悩《おうのう》が消滅し、無事大行を満行することができたという、私にとっては貴重な体験があります。

人は必ず死ぬということは、みな知っていることですが、本当に分かっているかとなると、分かってはいないでしょう。

私の場合、それが「行」という条件の中で、心と身体が合致して得心したということでしょうか。これは、わたしなりの一種の解脱《げだつ》だったのだろうと思っています。

断食・断水・不眠・不臥の「四無の行」成満

大峯曼荼羅《おおみねまんだら》としての風格

吉野の奥駈道《おくがけどう》は幸いにして、大峯曼荼羅としての独特の風格を失ってはいません。いわゆる霊山としての風格があります。この大峯の山の環境と雰囲気を大切にすることは、修験道の伝統を守ることになるのです。

懺悔する功徳は広大

懺悔する功徳は実に広大なものです。

私たちは自身が造ってきた罪障はもちろんですが、先祖の犯してきた罪障までも背負い込んでいる場合があります。そのような積罪は、懺悔することによって、きれいにしていただけるのです。

「ただ懺悔の力のみ、よく積罪を滅す」と仏は教示されています。

これまでに造りなしてきた罪を悔いて、将来再び行わないと誓うならば、積もり積もった罪障も朝露が太陽にあたって消えるように、自然と消滅してゆくのです。

懺悔懺悔《さんげさんげ》　六根清浄《ろっこんしょうじょう》

入峯修行もまた懺悔行なのです。

大峯山など霊山に修行する時「懺悔懺悔　六根清浄」と唱和するでしょう。あれはその願望を表しているのです。

積罪は一瞬にして雲散霧消してしまう

真剣に懺悔を思念して、抖擻《とそう》の勇猛心を心中に秘め、一切を放下して霊山の霊気の中に身心を没入するとき、積罪は一瞬にして雲散霧消してしまいます。抖擻修行こそ、それを成就させる偉力を秘めているのです。

吉野は盛大な宗教霊場であった

吉野山はかつては、盛大な宗教霊場だったのです。けれども徳川幕府の政策により徐々に堂社の数を減らし、明治の廃仏毀釈《はいぶつきしゃく》の大弾圧によって壊滅的な打撃を受けるに至りました。

日本全国で昔からの規模の大きい修験の山で、昔ながらの仏教系の姿で残ったのは金峯山のみです。

羽黒山、彦山、石鎚山《いしづちさん》、三峰山《みつみねさん》などは、その時に神道の姿となりました。明治の弾圧がいかにすさまじいものであったかを察することができます。

一旦壊すと復元するのは困難

新しいものを作るのはたいへんなことですが、一旦廃絶に追い込まれたものを建て直すことは、その何層倍もの努力と、強烈な忍耐が必要です。

そしてまた、永い伝統と歴史を守るには、長い視点をもった慎重さも必要です。歴史的文化遺産や自然の景観などは、一旦壊してしまうと復元するのは極めて困難です。

金峯山は昔の形態が唯一残された修験の山としても、歴史的文化遺産としても、ぜひとも守り伝えていかなければならない霊地です。

山そのものが蔵王権現

吉野山の朝は法螺貝《ほらがい》の音から始まります。

修験道の御本尊である蔵王権現を、私どもは「法身蔵王《ほっしんざおう》」と認識していますので、山そのものが、蔵王権現でもあります。

そして、修験道の教えは、一木一草にも仏性《ぶっしょう》が宿るということです。

法螺貝の音は、そのすべてを包み込んだはるか蒼穹《そうきゅう》へと祈りを届ける音に聞こえます。

山の行より里の行

修行というのは、決して山の行だけをいうのではありません。

「山の行より里の行」

といいますが、山の行は身体の都合によってできない人もあるでしょう。けれども里の行は、万人が万人ともできるのです。

どのような場においても、修行は可能です。

病中においても、それは可能なのです。いや、病の時ほど修行させてもらえるのです。

勝敗を分かつものは何か

長寿を得たからといって人生の勝者とは限りません。同様に、事業に失敗したり、リストラに遭ったからといって敗者とは限りません。

勝敗を分かつものは何か――。

それは確固とした信仰です。

私たちの信仰は「菩薩道の実践」をおいて外にはありません。いかなる境遇におかれても、これを踏み外すことは、「己れを見失うこと」なのです。すなわち人生の敗者となることです。

これさえ踏み外さなければ、「証果自《しょうかおのずか》ら至る」と役行者《えんのぎょうじゃ》は訓《さと》して下さっています。証果とは「修行の結果得られる悟り」です。

すなわちそれが「安心《あんじん》」であり、「心の平安」です。

道心《どうしん》の中に衣食《えじき》あり

貢献や奉仕に対価はありません。対価を求めるべきではないのです。「道心の中に衣食あり」と伝教大師が教示しておられるように、邪心なき道心を貫いて生きていくとき、おのずからそれなりの衣食は与えられるものです。

人を救うために全精力を

一人の信者を救うために、海に胸までつかって、何日間も祈り続けたという修験者の話を聞いたことがあります。

一人の信者を救うために命を捨てることができるという修験者の情熱が、蔵王堂千三百年の命脈を今日に伝えてきたのでしょう。

一隅《いちぐう》を照らす人

おのれを忘れて他を利するというのは、端的にいえば「人に尽くす」ということです。打算がないからこそ、尽くすことが活きるのです。大げさなことでなくてよい。家族のために尽くす。職場の上司のため、同僚のために、部下のために尽くす。

人のために尽くすことを心に決めて、その実践を続けていれば、間違いなくその人は「一隅を照らす人」となるでしょう。

しかも、それは仏道修行にもかなうものなのです。

心のチリを払って払って払い抜く

私たちは何かにつけて、心のチリを払って払って払い抜くことです。鐘を撞くことも、掃除も、作務も、托鉢《たくはつ》も、読経も、すべてチリを払う糧でなければなりません。

家庭の仕事、職場の仕事など、すべてにそれが生かされていなければなりません。

心ばえは必ず仕事に反映します。「何か光るものがある」人でなければ、人の心を打つことはできません。

鐘を撞くときには、金峯山浄土のすべての霊魂に回向する丹誠がほしいものです。その丹誠はまた、自らを治める光明となって、その人を荘厳することでしょう。

人の目に触れる行よりも

滝行にしても、百日行にしても、人の目に触れる行です。

いわゆる、目に見える行です。

人目に立つ行は、「行」としてはやり甲斐もあるし、また、途中で止められないというところから、体力と気力さえあれば、比較的成就しやすいものです。もちろん、なまやさしい根性では成就し得ません。

けれども、そうした苦行よりも困難で、しかも一層大切なのは「心の行」でしょう。

「心の行」が伴ってこそ

心は、人には見えません。見えないところで行をするだけに困難なのです。

十年間の滝行や、百日行、千日行を成就した行者といえども、「心の行」のできていない人であれば、それは何程《なにほど》のこともありません。いわゆる、お粗末な人といわねばなりません。

どのように立派な行といえども、「心の行」が伴ってこそ立派といえるのです。

少欲知足《しょうよくちそく》

仏道修行の大切な条件の一つは、「少欲知足」です。「欲を少なくして、足ることを知る」というのです。少欲というのは、何でもない平凡なことのようですが、実は仏法の根幹にかかわる大切なことなのです。

「欲をなくせ」というのではありません。「欲を少なくせよ」というのです。ここに私は、人間を深く洞察した仏法の面目をみるのです。

少欲知足の実践こそ、六道超越の要諦であり、また、私たちに本当の富を与えてくれる道なのです。

無事満行できても終わりはない

行というのは強制されるものではなく、自主的なものでなくてはなりません。

無理があってもいけないのです。一見無茶なように見えても、実際には合理性がなければ、伝統的な行とはなり得ません。無茶をするのは外道のやることです。

行を満行するためには、肉体的、精神的に、その人が持っている極限の力を出しきらなければ、無事満行はできません。中途半端では満行することができない厳しいものです。

しかも、行が無事満行できても、もうそれで終わりかというと、とんでもないのです。終わりはないのです。

毎日の生活の中にこそ行がある

行の最中は精神を一処に集中しやすいから、ある程度のところまではゆけます。

しかし、行が終ってしばらくすると、また元に戻ってしまうのです。そのようなことを幾度か体験して、結局は毎日の生活の中にこそ行があるのだと悟らされます。

「山の行より里の行」ということです。この悟りが大事なところです。

「強く猛《たけ》き者」になる人

行者の中には、「自分は普通の人ではでき得ないような苦行をした」「自分には普通の人にはない霊感がある」などと、「強く猛き者」となってしまう者があります。

また世間では、少しばかり財産や地位があると、「強く猛き者」になる人もあります。

いずれも、十分に自戒しなければならないところでありましょう。

坊主四則

先代の管長が金峯山修験の教師の集まりなどで、「坊主四則」をよく話していました。

「坊主の心得なければならんことは四つある。すなわち一に勤行《ごんぎょう》、二に掃除、三に追従《ついしょう》、四に阿呆《あほう》ということや。坊主というのは、まず何をおいても勤行せなあかん。お経を申すことは修験の道や。拝み倒すことや。二番目には掃除や。身辺をきれいにする、寺の中をきれいにすることや。三に追従。お追従の一つも言えんようなことでどうする。ほめられて悪い気ぃするものは誰もおらん。四に阿呆、これが一番むつかしい。人は誰でもかしこぶりたいもんや。知らんことでも知った顔したいもんや。気に入らんこと言われても怒ったらあかん。阿呆になっとることや。これができたら人間たいしたもんやで」

おまいりの金は自分が出せ

先代の管長は、「おまいりの金は自分が出せ」と言っていました。

「修行やおまいりの金は、自分のふところから出せ。自分の金を出さん、ただ修行やただまいりは、何の功徳にもならんし、何の御利益もない」と。

これは至極当然のことですが、まことに心すべき言葉なのです。

誰にとってもお金というのは大切なものです。大切なものであるからこそ、自分の懐《ふところ》から出すところに価値があります。それでこそ自分の修行となり、自分のおまいりとなる道理です。

金銭というのはこわいものです。その出し入れの扱い方によってその人の価値が決まります。このことを若いときに教えられたのは、私にとって何より有り難く幸せなことでした。

世事万般《せじばんぱん》は「里の修行」

世事万般は「里の修行」です。

この一文を書くのも修行、手紙を書くのも修行、遊びさえも修行の中にあります。「行住坐臥《ぎょうじゅうざが》、修行に非ざるはなし」です。

修行というと堅苦しい感じがしますが、日常・世事万般を修行としてゆくのに、堅苦しくては息がつまってしまいます。伸びやかな心でなければつとまりません。

山の修行と里の修行

修行と心得る以上は、自分を律するところが必要です。

山の修行は、それこそ「腹を据えて死に習うほかなし」で、勇猛の気をもって修行するのです。

里の修行では「死に習う」をやさしく解釈したところで、自分を律してゆくのです。

蔵王一仏《ざおういちぶつ》に帰命せよ

私はいつも「蔵王一仏に帰命せよ」と言っております。

このことは、金峯山修験が役行者《えんのぎょうじゃ》直系の修験だからこそ言えるのです。役行者が衆生の三世を救済する本尊として感得されたのは、蔵王権現一尊です。だからこそ「蔵王一仏に帰命せよ」と言うのです。

「一仏に帰命すればよい」ということは、信仰者にとってなんと有り難いことでしょう。

「一即多《いっそくた》・多即一《たそくいち》」の蔵王権現

蔵王権現一仏の中に観音も地蔵も不動も、すべての諸仏・諸菩薩・諸天善神が包摂されているのです。

「一即多・多即一」が蔵王権現なのであります。

これがすなわち役行者の御信仰であり、役行者の教えなのです。

蔵王権現一仏信仰

本宗の本尊は、蔵王堂の本尊である蔵王権現です。

実に簡単明瞭です。

「諸仏・諸神は全て蔵王権現の応現身《おうげんしん》なり」と言いきっています。

諸仏・諸神は、すべて蔵王権現がその働きにおいてあらわれたもの（応現身）なのです。

蔵王権現一仏信仰が、役行者ご自身の信仰なのです。

蔵王権現一仏が金峯山の信仰の主神で、その蔵王権現を囲繞《いにょう》して諸仏・諸尊が渾然一体となっているのです。蔵王権現が多様な信仰を包括しているということができましょう。

法身《ほっしん》蔵王《ざおう》即久遠実成《くおんじつじょう》の釈尊

金峯山の本尊・蔵王権現は、その御本地仏が釈迦・千手観音・弥勒の三尊です。そのことは、蔵王堂の御本尊が三体蔵王尊であるということで明らかに示されています。

釈迦・千手観音・弥勒の三尊はけっして別尊ではありません。久遠実成（久遠という長遠の過去に仏になられた）の釈迦牟尼仏が、衆生の三世救済に対応して、三尊の姿となって現われているのです。

蔵王権現

強い思念

密教では「思念」を最も大切にするのですが、強い思念（祈念といってもよい）には、身・口・意が相応することが何よりも大事なのです。ゆえに本尊観があやふやでは、真に強烈な思念とはなりません。本尊観の確立、これが最も大切な信仰の基本です。役行者正統の誇りと信念を持ち、強烈な思念（祈念）を心がけていただきたい。

蔵王権現の本地は久遠実成《くおんじつじょう》の釈尊一仏

蔵王権現の本地は、突きつめていうならば、久遠実成の釈尊一仏なのです。

私たちは蔵王権現を「法身蔵王」として信仰していますが、法身蔵王とは、すなわち久遠実成の釈尊と同体なのです。

「法身蔵王即久遠実成の釈尊」が、私達の信仰的本尊観なのです。

ですから蔵王権現に帰依するということは、久遠実成の釈尊に帰依するということなのです。この本尊観を金剛心を以て、一心に信仰することが大切なのです。

「大安心《だいあんじん》」の絶妙の境地を

蔵王権現は、役行者がいのちがけの御修行の結果、祈り出された唯一の仏です。その唯一仏を私たちは御本尊として戴いています。しかも、その唯一仏の中に宇宙のすべてが包含されているのです。雄大無限の唯一仏といわねばなりません。

簡単明瞭なことが最良です。

本尊が一仏であるということは、心が集中しやすいのです。信仰の眼目である「大安心」が得やすいのです。

三世護身乃柵《さんぜごしんのさく》

私が常時奉持しているのは「三世護身乃柵」です。この柵がすなわち蔵王一仏なのです。

柵というのは砦《とりで》です。砦というのは出城《でじろ》のことです。本城はあくまでも吉野山蔵王堂です。

私は家に在っても、旅先であっても、朝は「三世護身乃柵」を開いて、自身が金峯山浄土の砦の中に在ると観想して勤行しております。

なぜ法華経なのか

本宗が依拠している経文は『法華経』です。

なぜ『法華経』なのでしょうか。

役行者が修験道の根本道場である大峯《おおみね》峯中《ぶちゅう》でも最高峯の八経ヶ岳頂上に『法華経』一部八巻を埋められて、修験道の所依の経典は『法華経』であることを示されたからです。

大峯峯中最高峯たる標高一、九一五メートルの八経ヶ岳の山名は、『法華経』の八巻からきているのです。

すべて役行者のおかげをいただいている

修験門に入っている者は、すべて役行者のおかげをいただいているのです。

ですから、一年に一度、役行者の「たましい」のおわします、修験道発祥の聖地たるこの吉野山の蔵王堂に参集すべきなのです。

役行者に感謝の誠を捧げ供養するということは、修験教師として当然のことであり、また大事なことなのです。

つねに因縁消滅を心がけるべき

修験教師は加持祈祷をします。加持祈祷するというのは、霊的にみれば、その人の因縁をとってあげるということになります。それは、時として因縁を受けるということにもなるのであります。これは加持祈祷をする以上は覚悟しなければなりません。ですから、修験教師はつねに因縁消滅を心がけるべきであります。

さまざまな因縁を役行者に取っていただく

本山行事に出仕《しゅっし》させていただき、おまいりさせていただいて、役行者に御供養させていただくことによって、私たちの受けているさまざまな因縁を役行者に取っていただくのであります。

ですから、本山行事は修験教師こそ進んで出仕し、おまいりしなければなりません。

出仕させていただく

本山行事に「出仕してやるんだ」と思ってはいけません。大事なことは、「出仕させていただくのだ」と、ひたすら役行者におつかえする恭謙な気持でなければなりません。

三世救済の御誓願こそ

役行者は後世の私たちに対して、何ら教えのお言葉を遺しておられません。ただ形として遺されたのは、蔵王権現の御感得ということだけであります。

そこに役行者御自身の御信仰の有り様を、私たちは心で感得しなければなりません。

蔵王権現の三世救済の御誓願こそ、役行者の本願と悟らねばならないと思うのです。

役行者の「たましい」は蔵王堂に

役行者の「たましい」は蔵王堂に鎮まっておいでです。その聖なる蔵王堂の堂内に坐ることによって、役行者の無限のパワーを受けることができるのです。役行者はつねに蔵王権現と共におられるのです。

迷いを去り、けがれを除く修行

修験者が野や山で修行することを抖擻《とそう》修行といいます。

抖擻とは、水に濡れた犬などが、身体を激しく身ぶるいさせて水滴をはじき飛ばすさまを見ますが、あれが抖擻なのです。

迷いを去り、けがれを除く修行ということです。

そこには激しく身ぶるいさせるような、心の奮い立ちがなければなりません。しかし行者たる者、抖擻を心に秘めながら、しかも心は平安でなければなりません。ここが大事なところです。

蔵王権現に帰依し奉るという一事

金峯山は、私たち修験者が守っていかなくてはなりません。文化遺産として守ることも大切ですが、何にも増して大事なことは、金峯山成立の根本である三世救済の御本尊・蔵王権現に帰依し奉るという一事をあくまでも貫いてゆくこと。その信仰を広く世間に伝えてゆく、広宣流布の精進を実践することです。

それは、役行者のお心に最も添うことなのです。ただ一途に無心に御本尊に帰依してゆきましょう。ただそれだけでいい。その無心の祈りが吉野山を守り、日本を守り、世界平和につながってゆくのです。

十万枚大護摩供 修法中の筆者

金峯山寺の今日ある奇蹟

金峯山寺は、徳川時代を通じて長期にわたる抑圧があり、それに耐えてきた矢先に、明治初年の想像を絶する大弾圧がありました。それらを考えると、金峯山寺の今日あるのは奇蹟のように思えるのです。これもひとえに、蔵王権現の偉大なる大威徳に外なりません。それは実に人智を超えています。

役行者直系の修験

金峯山修験は、日本に数ある修験道関係宗派の中でも、役行者直系の修験といってよいでしょう。

それは役行者を修験道の開祖と認める宗派においても、蔵王権現を中心に戴いているのは金峯山修験だけだからです。

絶対帰命に徹する

修験者たる者は、すべからく金剛蔵王権現の〝気〟をこそ受けるべきです。

命をかけて、金剛蔵王権現に帰命すべきです。絶対帰命に徹することです。

それこそ、一切の迷いを去り、一切の恐れを去り、真の安心に至る捷《しょう》径《けい》なのです。

勇猛精進《ゆうみょうしょうじん》

勇猛精進なくして仏法はないというところが「役行者の仏教」であり、それが修験道なのです。

明確な本尊観を

信仰者、特に行者たる者は、明確な本尊観を持っていなくてはなりません。確固とした信念にまで昇華すべきです。

本尊観があやふやなことでは到底、安心を得ることはむつかしいのです。

行中の環境や身心のすべてが本尊

行中の環境や身心のすべてが、本尊なのです。
しかし衆生を導くためには、その機根に応じなくてはならないから、
各自、有縁の諸尊を安置してこれを本尊とします。

無条件に帰依している

私は役行者に帰依しています。

無条件に帰依しているのです。

絶対的な帰依ということにおいては、親鸞上人が、「法然上人にだまされて地獄に堕ちてもまったく後悔しない」という、師匠に対する無条件な帰依の念に、私は心うたれるのです。

役行者がすべて

私の信仰においては役行者がすべてなのです。
ということは蔵王権現がすべてなのです。
信仰の真髄は、そのように、一切の理屈を超越した心情にあると思うのです。

大きな他力に包まれた自力

修験道は自力法門の最たるものと認識されていますが、自力法門であっても、修験道のように自力の及ばない、大自然を道場として自然と融合しての修行を指向する場合、自力といっても、それは「大きな他力に包まれた自力なのだ」ということが自ら体得されてきます。

このようなところが、他の自力法門と基本的にちがうところでしょう。

絶対の中に身を投ずる

蔵王権現という絶対の中に身を投ずることによって、むつかしい修行をせずとも、男も女もその身そのまま救われるのです。

その救いは絶対他力のすがたに外なりません。

おまかせする

私たち修験者は、すべからく蔵王権現に帰命して、おまかせすることです。その上で、積極的に菩薩道を実践してゆけば、前途に一切の恐れや不安はありません。

何事も御本尊にまかせきりで、くよくよせずに、一日一日を大切に、心豊かに、心楽しく、精一杯生きよう、でよいのです。

蔵王信仰が日本全土を風靡《ふうび》した

金峯山信仰は、すなわち蔵王信仰であります。

千年の昔、その蔵王信仰が日本全土を風靡した感がありました。

現在でも、蔵王や金峯の名を冠する山や土地が全国的に見られるのはその名残りです。

当時、ただ単に「御岳《みたけ》」といえば、それは金峯山を意味したという一事を以てしても、当時の蔵王信仰の隆盛が偲ばれるのです。

真剣に直参《じきさん》すれば、必ず応えて下さる

幸いに仏縁をいただいて金峯山に関係する者は、開祖の役行者や蔵王権現に対する認識をさらに深めて、もっともっと真剣に蔵王権現に直《じき》参《さん》しなければなりません。

真剣に直参すれば、必ず応えて下さるのが蔵王権現の御誓願なのです。

精進の中に衣食がある

私は修験道の寺に生まれて、修験道によって衣食住をいただいております。

伝教大師は「道心の中に衣食《えじき》あり」と仰せられました。

私は及ばずながら修験道でもって仏道を修行し、修験道でもって人々の救いが成就されるよう、いわゆる菩薩行に精進させていただいております。その精進の中に私の衣食があるわけです。

役行者から大きなおかげをいただいている

私に菩薩行を示して下さったのは役行者ですから、役行者から大きなおかげをいただいているのです。

皆さま方の中にも私と同じ思いの方もおられるでしょうし、また仏縁によって、この修験門に入って来られた方もあることでしょう。

それは何れにしても、役行者のおかげをいただいておるのです。

役行者以来の誇るべき在家修行者

役行者は、優婆塞《うばそく》（在家のすがた）をもって通された方です。ですから、役行者直系の金峯山修験は、在家仏教を基本としています。

私たちは、役行者以来の誇るべき在家修行者なのです。

明治以後の新興宗教はたいてい在家仏教ですが、役行者の修験道は在家仏教の元祖ということができましょう。

金峯山浄土《きんぷせんじょうど》

人が死ねばその霊魂は、生前の縁によって九品浄土《くほんじょうど》のいずれかに往くとされています。幾多のなつかしい人々も、すべて金峯山浄土に来ておられるのです。

亡き人々がこの金峯山浄土にて、美妙の音楽に包まれ、楽しく語り合っておられると思えば、淋しいことも悲しいことも消えてしまって、心楽しくさえなるようです。

このようなことを思うにつけても、もっともっと心をこめて、金峯山を荘厳しなければならないという、強い思いに駆られるのです。

修験者の払うもの

修験者の払うものといえば執着心であり、我執であり、罪障です。ぐっしょりと身体を濡らした水分を払い飛ばすためには、非常に激しい力が必要です。

山の修行も、滝の行も、坐禅も、その他いかなる行でも、この大筋を離れたら、外道の行になってしまうのです。

実修実験

修験道の教えの根源は実修実験にあります。

まずは実践してみることなのです。

沈思黙考するのは、もちろんよいことです。実修実験といっても何も考えずに行動ばかりが先走るということではありません。考えた結果、よいと思えばとりあえず実践することなのです。

新客への奉仕を徹底して行ずる

数多く山に登るばかりが修行ではありません。一度の入峯を充実させることによって、幾十度の入峯よりも勝るものとすることができるのです。

新客（新参者）への奉仕を徹底して行ずることは、立派な修行です。それは、山へ登る以上に苦しいことであるかもしれません。

新客を信者におきかえ、大衆におきかえ、家族におきかえて、私たちの修行の道を見出したいものです。

行に達した人は行に謙虚

行者の中には、自分の行の深さに増長し、または霊感力を過信して、すべておのれの行力、霊力のごとき錯覚をおこして、種々の妄言を吐き、あるいは加持の行力を強調豪語する者を、往々にして見かけます。おのれを知らざるの言で、不遜不敬もはなはだしいことです。

行に達した人は、行に謙虚です。大言壮語の中に不徳と不安を見ます。自信のないものほど、強がるのです。

共に精進する人を一人でも生むこと

病気のために入信してきた者にしろ、自信喪失によって入信してきた者にしろ、それぞれの人に、信心決定への道を教え導くことによって、はじめて加持祈祷が完成するのです。

いや、完成は終生なし得ないかもしれません。

たとえ完成しなくともよいのです。

共に精進する人を一人でも生むことが、行者一生の菩薩行なのです。

ただ懺悔《さんげ》の力のみ

人間は万全の生きものではありません。失敗もすれば不正を働くこともありましょう。しかし、天下に響きわたるほどの大罪も、懺悔には及ばないのです。

広大な仏の大慈悲は「ただ懺悔の力のみ、よく積罪を滅す」と示されています。

「あらたむるにおそきことなし」ですが、二度とおこなうまいと、仏の前に頭を垂れなければならないことの、いかに多いことでしょうか。まことに懺悔懺悔の毎日です。

信心決定から発するおこない

子供は親の言うことはなかなか聞かないけれども、その「おこない」は真似るものです。「おこない」ほど説得力のあるものはありません。千言万語、一実行に如《し》かずです。それにしても、行者の「おこない」は信心決定から発するものでなくてはならないのです。

お寺こそ清浄であれ

お寺というところは人々が心を正しに来るところです。俗世間で汚れた身心を清めに来るところです。疲れた心を癒しに来るところです。本山は特に、その霊性が強くなければなりません。そして特に清浄でなければならないのです。

さわやかさ、清らかさを失ってはいけない

私たち宗教人は、さわやかさ、清らかさを失ってはいけません。私生活の乱れや、心情の汚なさというものは、覆いかくすことのできないものです。人はだませても、自分をだますことはできません。それらが自然ににじみ出てくるのはどうすることもできないのです。

すべて御本尊におまかせしている

「帰命する」ということも、「南無する」ということも同じことですが、すべて御本尊におまかせしているのですから、私の身心は金剛蔵王大権現の腕の中に抱かれています。

帰命することによって、私の心はつねに平安でありますます。

まことに有り難いことであります。

貢献と奉仕は御本尊に対してなされるもの

私は皆さまに貢献と奉仕するよう、おすすめます。

お願いするのではなくて、おすすめするのです。

これは実は、私たちの生きざまの根元にかかわることなのです。

貢献や奉仕は、私が受けるものではなくて、御本尊に対してなされるものです。ですから、「奉仕をお願いする」のではなく、「奉仕をおすすめする」のです。

つねに本尊と二人

われ一人在ると思うのは間違いで、つねに本尊と二人なのです。

つねに二人ということは、一体です。

そこのところがコトンと腹におさまれば、信心決定していくのです。

どのような事態に遭遇しても、信心を見失うことはありません。

本尊と二人と思い定めてしまえば、悲しみに泣きながらでも掌を合わせられる。地獄へ行くのも二人と思えば、恐ろしくはありません。

人をそこねること

信仰者の生活というのは、少なくとも、自分のために人を害して生きることと決別しているはずであります。人をそこねることは、信仰者のすることではありません。

「忘己利他《もうこりた》」をしっかりと性根に据える

江戸時代の禅僧・鈴木正三《しょうさん》は、「仏道修行というは、今、用に立てる事なり」と言っています。自分のためにも、また、人のためにもいますぐ、用に立つものでなくてはならないのです。

同じく江戸時代の禅者・至道無難《しいどうぶなん》は、「坊主は天地の大極悪なり。作《な》す所無くして世を渡るは、大盗人なり」と痛棒をくらわしています。「坊主になって、仏道修行をしないで、何らなすところなく、渡世の手段にしているような奴は、仏法の大盗人である」と叱っているのです。仏法の大盗人にならないためには、「忘己利他」をしっかりと性根に据えて、「他のために尽くす」ことを誓願として、実践することです。

正しい信仰や修行によって体得された霊能

修験道は昔から、霊能者（霊感者）の多いのが特徴です。世間の人々が修験者を特殊な目で見る要因にもなっていました。

しかし、霊能を恥じる必要は少しもないのです。

正しい信仰や修行によって体得された霊能であるならば、それは仏の六通（六つの超越的な力）に通ずるものなのです。

仏の六通というのは、仏道の成就という主目標に向かって進むためにこそ活用されるべきものです。それは、人をして正しい信仰に導き励ますための、手だての一つなのです。

信仰においても用心深く

人との交わりにおいて用心深くあるように、私たち信仰者は、信仰においても用心深くなければなりません。

邪神、鬼神や外道を信じ供養することは、ちょうど泥棒や殺人鬼を家に招いて御馳走しているようなものです。

日常の苦難に悠然と対応できてこそ

修験門は苦修練行、捨身修行をもってその修行の本領とします。無理に山林に入ったり、求めて苦行をしなくともよい。私たちの日常生活の場に苦修練行、捨身修行を見出したいものです。日常の煩雑な苦難に悠然と対応できてこそ、真の行者ということができるでしょう。

功徳力

何事も自分の力だけで、できるものではありません。
功徳力はすべての根元です。
行者本有の功徳力を平易に解釈すれば、誠実、親切、思いやりなどの徳でしょう。
むつかしく言えば、如法の修行であり、忘己利他《もうこりた》の徳です。
しかし、ただの誠実、親切、思いやりでは功徳力とはなりません。
人に感謝され、よろこばれるところがなくてはなりません。

真の功徳力

建築するとき、棟梁が施主によろこんでもらうには、誠実と親切はもちろんですが、卓越した技量と美的な感覚がなければなりません。これらの総合が、功徳力なのです。

真の功徳力は、如来の加持力（神仏の助け）と、法界衆生力（大勢の人の助け）を自然に呼び込むものでしょう。

功徳力はすべての根元です。伝教大師は「道心の中に衣食《えじき》あり」と説かれましたが、同様に「功徳力の中に衣食あり」ということもできましょう。

何ごとも蔵王権現におまかせ

私は何ごとも御本尊・蔵王権現におまかせしています。まかせきっているのです。まかせきるということは、すなわち、一切を受け入れて、あるがままに生きるということでもあります。

このことは、役行者のお言葉として伝わっている「身の苦に依って心乱れざれば、証果《しょうか》自ら到る」の心境にも通じるものでしょう。

「身の苦」とは、肉体・精神の両面にわたる全ての苦しみや悩みです。「証果」というのは悟りとも安心《あんじん》ともとれますが、安心というほうがよいだろうと思われます。

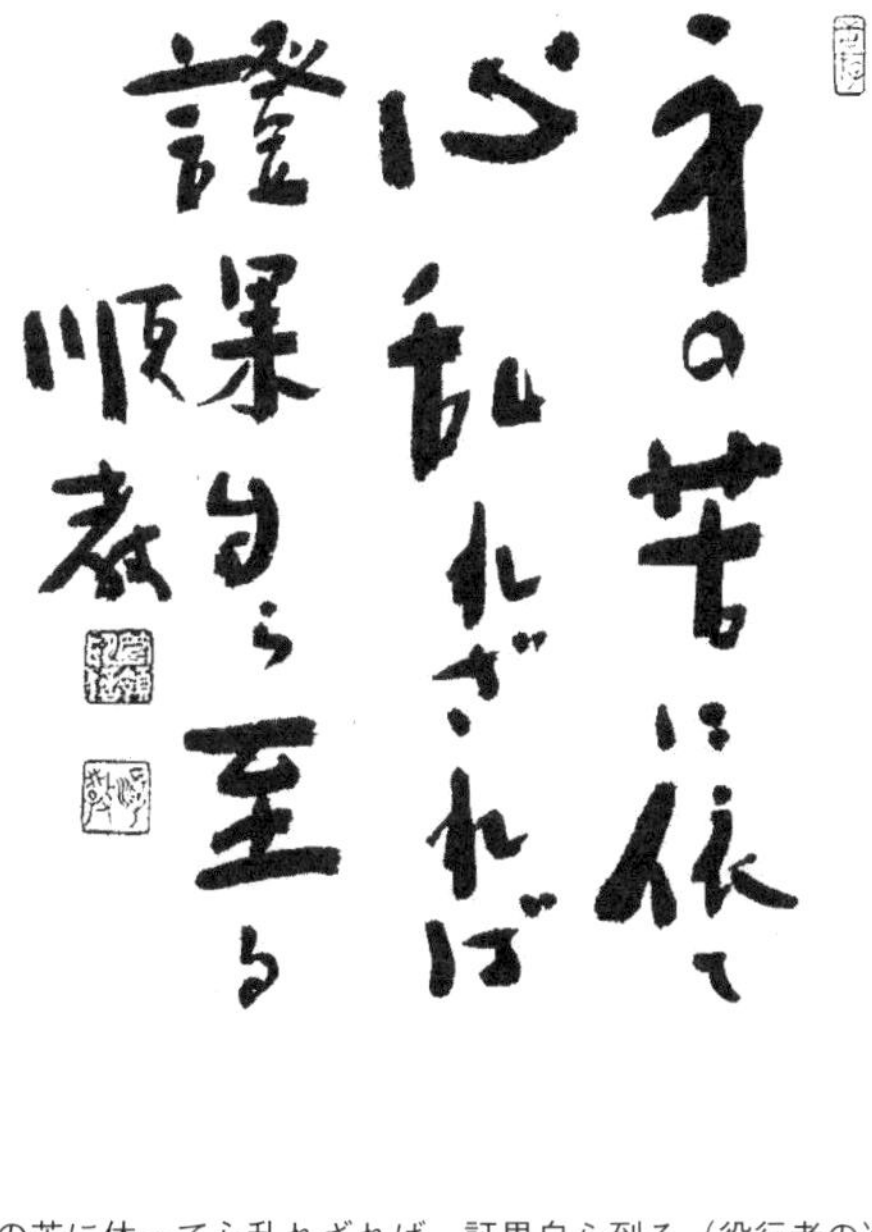

身の苦に依って心乱れざれば、証果自ら到る（役行者の遺訓）

大きな他力につつまれた自力

修法の力が法力、念力などといえば、自分の力のように受けとられますが、決して自分の力などではありません。

すべては御本尊の御加護であり、生かさせていただく力という以外にはありません。

どのような苦行にしろ、それを体験した者には、大きな他力につつまれた自力にすぎないことが分かってくるのです。

行者の資格とは、信と行と徳にあり

行者の資格とは、本山から出る一片の免状のごとき軽々のものではありません。

それは「信」と「行」と「徳」にあります。

信とは、信心決定していることです。もしくは決定していなくても、そのために真摯な努力や精進をたゆみなく続けていることをいうのです。

一つのものに命をかける

日々仏前にぬかづいて、自身の心を観照内省し、至心に経を読むことです。その功徳によって知らず知らずの内に宗教体験が深められ、自身がたかめられてゆくのです。

人のためになろうと思っても、自身が空虚では人のためにもなれず、人に教えることもできません。

一所懸命というのは、昔の武士が、一か所の領地を命がけで守ることをいった言葉です。一つのものに命をかけるということです。

私たちは菩薩行に命をかけて、悔いのない人生を送りたいものです。

真実の「信」がなくてはかなわぬこと

信心決定している人、そのために勇猛精進している人に接することによって、人はおのずから信者となるのです。

おのずから導かれているのです。

この「おのずから」が大切です。

行者に真実の「信」がなくてはかなわぬこと、かくの如くです。

まず、おのれの信を点検してみましょう。

奈落へと通じる径《みち》に迷いこんでいるかもしれないからです。

勤行こそ信仰生活の原点

勤行こそ信仰生活の原点です。勤行は、私たちに素晴らしい活力を与えてくれます。それは「お経の力」とでもいうものでしょうか。

行を積めば積むほど謙虚に

大行を成満するのは、おのれ一人の力と思うのは、僭越《せんえつ》の沙汰《さた》です。個人の力などは多寡《たか》のしれたものです。

大いなる御加護があるからこそ達成できるのです。また、多くの人の助力があってこそ、初めて達成できるものなのです。

これは単に「行」ばかりではなくて、万事その通りです。

大行者といわれる人

何事かをなさんとするものは、ひたすらに謙虚でなければなりません。そして、感謝と報恩を忘れてはいけないのです。行を積めば積むほど謙虚になり、身口意において慎しみを深くすることが大切であり、それを実践できうる人こそ大行者といわれる人なのです。

自分の心の中の仏を見失わない

外の仏を拝むよりも、自分の心の中の仏を見失わないようにして大切に育てなければなりません。

自分の心の中に仏が坐っておられたならば、別に山の中に入らなくても、娑婆《しゃば》に居て悠々と生活を楽しみ、周囲を照らしてゆくことができるからです。

心に仏が居られなければ、静かな山中に在っても、心の中は戦争をしています。それは地獄までもついてくる自分の心であるから、どんなところに逃げても逃げきれるものではありません。

心に法の灯火《ともしび》のともっている人

心に法の灯火のともっている人は、自分の心の中に仏が坐っておられる人です。

川の水が止まることなく流れてゆけば、自然に海に出るように、私たちも日々怠りなく精進を続けてゆけば、自然に解脱が得られるのです。小さな灯火が光明となるのです。仏を外に見るのではなく、自身の中に仏を見なければならないのです。

仏法が身近にある

修験道は在家仏教の元祖です。在家仏教のもっとも大きな特色は、在家の生活に仏法が生かされていることでしょう。深遠な教義を云々するよりも、かみくだかれた教え、すなわち仏法が身近にあるということです。

身近にあるということは、実践されていることでなければなりません。実践されていてこそ、仏法が生きているといい得るのです。

忍んでついに悔いじ

『大無量寿経』に「たとい身はもろもろの苦毒の中に止《とど》むとも、我が行に精進し、忍んでついに悔いじ」とあります。

私は「忍んでついに悔いじ」という言葉に強く打たれるのです。

自らを尊ぶことができるように修行する

どのような自分であろうとも、それはかけがえのない自分なのです。

まず、自らが自らを尊ぶことができるように修行することです。

その修行は、自らの身・口・意において、天地神明に恥ずべきことのないようにすることなのです。

本尊（ほとけ）と我と一体に

信心というのは「誠の心」と受けとれますが、もう一つ深いところでみれば、本尊（ほとけ）と我とが一体になっていることです。いわゆる「入我我入《にゅうがが にゅう》」です。

一日一日が死である

修験者の就寝の作法は、「死におもむく」観念をしてから寝床に就くのです。一日一日が死であり、修験者に明日という日のないことを、その作法は教えています。

人と会うのもこれが最後と思えば、言葉も動作もよくなるでしょう。一食もこれが最後と思えば、粗末な食もありがたく味が深いです。

一期一会に徹するのが修験者であり、それは一日を最高に大切にすることに外なりません。

一期一会を心底にしっかりと据えつけた一日こそ、光り輝く宝珠のような一日なのです。

修行のこだわり

修行の回数にこだわったり、修行の難易にこだわることなど、かえって煩悩のとりこになっているようなものです。何ものにもとらわれることなく、何ものにもこだわることのない、堂々の修行を日常のものとしたいものです。

懺悔の力こそ、よく積罪を滅す

今日は、先祖の一つ一つの実践の積み重ねと、おのれの今日までの実践の積み重ねの上にあるということに、しっかりと腹を据えなければなりません。そして、おのれもいずれは子孫の先祖となるのです。

実践には、善と悪の実践があります。失敗をすることも、罪を犯してしまうこともあります。悪い実践には悪い報いがあるということは、至極当然のことです。

悪い報いがなくとも、悪い実践そのものを反省しなければなりません。「人に知られないからよい」という気持は、もっとも醜いものです。悪い実践に対しては、御本尊の御前にぬかづいて、心から懺悔することです。「懺悔の力こそ、よく積罪を滅す」です。

あとがき

「役行者のご遺訓の心境を静かに楽しむが如く」

金峯山修験本宗第三世管長
総本山金峯山寺第二十九世管領　五《ご》條《じょう》覚《かく》堯《ぎょう》

先の順教管長猊下は、生前、「無為心院大々先達管領順教大和尚」と自らの戒名をつけられた。

猊下は、まさに行に徹し、生涯を行者として生き、無為なる御本尊の元に帰一されていかれたものと思う。

わが国に仏教を招請された聖徳太子が薨去《こうきょ》された四十九歳の年に、猊下は三年間の難行を自らに課し、最初の四無行を行っておられるが、よほどの覚悟がなければこの年齢をお選びにならなかったであろう。なにか聖徳太子の仏教に対する深い念いに準ずる、大きなものがあったのではないかと想像するのである。

この三年間の難行を終えると、猊下の書は雰囲気も大きく変化して、まるで慈雲尊者の書の風格を発するようにさえなられた。

開祖の役行者のご遺訓である「身の苦によって心乱れざれば証果自から至る」の心境を、静かに楽しむが如くの生涯を全うされたものと思う。

「猊下の教えを胸に」——編集後記に替えて

五條順教猊下の三回忌を営むにあたり、猊下の著述の中から、箴言集の制作を発願させていただいた。

遺された文章を読んでいると、なぜか臨終の時、病院にお迎えに行った時の猊下のお姿が浮かんでならなかった。

猊下の立ち居振る舞いは、いつも清らかで美しく、管長というお立場が天職のように感ずるほど、管長様らしい管長様であった。

ご自身も「管長とはかくあるべきだ」という、なにか信念のようなものをお持ちで、その自分の信念に徹しきっておられたと思う。

晩年、重い病床にあられても最後の最後まで、変わることなく美しいお姿のままであった。遷化ののち、すでに病室で白衣に身を整えられていた猊下は、亡くなってもなお管長様のままであった。その信念の堅固さに、改めて凄味と畏怖を覚える。

私は十五歳の時に猊下に随身《ずいしん》をさせていただいたが、その初めのころに、「志の大きな僧侶になりなさい」との教えを受けた。これが私が金峯山寺で活動するうえで、大きな大きな糧となった。

吉野大峯の世界遺産登録、修験道大結集《けつじゅう》など、自分の身の丈を超える事業に関わらせてもらえたのも、すべて管長様のお導きのお陰である。

その猊下は、重い病床で闘病生活を送られるなか、遺言のように教えを示された。

「吉野修験の究極は、蔵王一仏信仰である」

亡くなる直前まで、お見舞いに行くたびにこのことを繰り返しお話になられた。

私は管長猊下のこのお言葉を聞いて、恵心僧都《えしんそうず》のことを思い浮かべたのだった。『往生要集』を著した恵心僧都源信である。

恵心僧都は、私が理想の僧侶とするお方である。恵心僧都の最晩年の著作に『一乗要決《いちじょうようけつ》』という本がある。その中で「一乗仏教を極めて、最期は阿弥陀を祈る」という一言をのこされている。

病床の猊下のもとに行き「蔵王一仏」信仰の言葉を聴くたびに、猊下は修験信仰を極めて、ついに、恵心僧都の境地に到達されているのだと身震いするような思いでいた。

猊下の遺された言葉の一つひとつを読み返すほどに、そのお心と境地の高さは見事というほかなく、あらためてその高徳を偲ばせていただいている。

本書を通じ、是非、多くの方々に猊下の教えをお伝えしたいと願っている。それが本山にあって約四十年の長きにわたり管長職をつとめられた猊下へのご報恩であり、私自身のご恩返しでもあると思っている。

末尾ながら、いちりん堂の池谷 啓氏には、企画から本作りの最終段階まで、いろいろなことでお世話になった。あつく御礼を申し上げたい。

平成二十三年五月吉日

金峯山寺執行長　田中利典

五條順教（ごじょう じゅんきょう）

1926年、奈良県吉野山の東南院に生まれる。大正大学文学部史学科卒 。1954年、大峯山護持院東南院住職。1971年、金峯山修験本宗第2代管長、総本山金峯山寺第28世管領就任。1974年、「断食・断水・不眠・不臥」を9日間守る「四無行」を満行。1975年、十万枚大護摩供満行。1976年、八千枚大護摩供満行。1300年の歴史をもつ山伏の修行道「大峯奥駈道」の復活に尽力。大峯奥駈道や金峯山寺蔵王堂などを含む「紀伊山地の霊場と参詣道」は世界遺産に登録された。2009年5月、逝去。主な著書に『修験道のこころ―在家仏教のすすめ』『修験道に学ぶ』（朱鷺書房）、『住職がつづる金峯山寺物語』（四季社）など。

吉野修験 大先達の遺訓

2011年5月25日　初版第1刷発行

著　者　五條順教

発　行　総本山 金峯山寺
〒639-3115　奈良県吉野郡吉野町吉野山
TEL 0746-32-8371 / FAX 0746-32-4563

発　売　有限会社 大法輪閣
〒150-0011　東京都渋谷区東2-5-36 大泉ビル2F
TEL 03-5466-1401 / FAX 03-5466-1408

編集制作　いちりん堂
〒437-0604　静岡県浜松市天竜区春野町宮川134
TEL 053-989-1084 / FAX 03-6893-1074

印刷・製本　八紘社印刷

ISBN978-4-8046-1319-2 C0015 Printed in Japan
乱丁本・落丁本はお取り替えいたします。